GOLF – Just move it!

Der schnellste Weg zu Ihrem eigenen Schwung

Jonathan Taylor   Marcel Brunnthaler

E. ALBRECHT
VERLAGS KG

THE MOVE

W as haben Jim Furyk, Miguel Angel Jiménez, Laura Davies, John Daly, Colin Montgomerie und Lee Trevino gemeinsam? Sie spielen alle Golf auf Weltklasse-Niveau, verdienen damit nicht gerade schlecht und – sie haben alle einen ziemlich unorthodoxen Schwung. Aber: Das scheint dem Ball vollkommen egal zu sein. Den interessiert es überhaupt nicht, wie der Golfschwung aussieht. Alles, was den Ball interessiert, ist, dass der Schlägerkopf im Treffmoment exakt zum Ziel ausgerichtet ist („square") und genügend Energie mitbringt, ihn über die entsprechende Distanz zu befördern.

Schauen Sie sich die Tour-Professionals auf diesen Seiten genau an! Die abgebildeten Spieler haben zwar alle keinen besonders schönen Schwung, sie erfüllen dennoch die eben genannten Anforderungen. Also können ihre Schwünge nicht so schlecht sein . . .

Das soll nicht heißen, dass Sie nun versuchen sollen, diese Spieler nachzuahmen. Wenn Sie jetzt jedoch verstehen, dass es nicht einen einzigen richtigen Golfschwung gibt, kann das Ihr Golfspiel einen großen Schritt nach vorne bringen! Als Furyk, Jimenez, Trevino, Daly, Montgomerie, Davies, und wie sie

Miguel Angel Jiménez

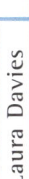

Laura Davies

alle heißen, angefangen haben, Golf zu spielen, gab es noch keine Videokameras oder Spiegel auf den Driving Ranges. In den meisten Clubs gab es noch nicht einmal eine Driving Range. Ihr Wissen über den Golfschwung beschränkte sich daher auf das, was Sie bei anderen Golfern beobachtet hatten. Alles, was ihnen übrig blieb, war also zu kopieren, was sie für gut und richtig hielten.

Erfolgreiches Training hängt sehr stark von positivem und negativem Feedback ab. Das einzige Feedback, das die Golf-Pros von heute vor zwanzig, dreißig Jahren bekommen konnten, war, was sie selbst spürten, der Ballflug und manchmal auch, was ihre Freunde zu sehen glaubten (dabei ist es wirklich schwierig, einen Golfschwung ohne Hilfe von Zeitlupe zu analysieren).

Die Großen von heute trainierten als Kinder mit der Absicht, den Großen Ihrer Zeit nachzueifern. Sie versuchten also zum Beispiel, Ben Hogan zu imitieren. Und wenn sich der eigene Schwung dann schließlich wie der von Ben Hogan anfühlte und der Ball noch dazu geradeaus flog, dann musste das wohl Ben Hogans Schwung sein!

Dummerweise trügen die Gefühle bisweilen, mit denen wir unseren Körper kontrollieren. Selbst wenn wir sicher sind, dass wir Arme und Hände auf eine ganz bestimmt Art und Weise geschwungen haben, ist oftmals das Gegenteil der Fall. Was passiert also, wenn ein etwas beleibterer Spieler wie Lee Trevino versucht, den Schwung eines schlanken Menschen zu imitieren? Na ja – sein Körper wird zumindest sein Bestes geben . . .

Wie trifft denn Trevino nur den Ball so gut, wenn er anscheinend gar nicht das tut, was er zu tun glaubt? Er kompensiert die Fehler in seinem Schwung mit einem optimalen Rhythmus und präzisen Timing und bekommt so das Schlägerblatt auf die erforderliche Weise hinter den Ball. Seine Fähigkeit, sowohl den Schwung als auch den Rhythmus immer und immer wieder zu kopieren, führt zu seinen erfolgreichen Schlägen. Das heißt, dass praktisch jeder Schwung zum gewünschten Resultat führen kann, solange Sie den Schwung immer und immer wieder wiederholen können und solange Sie einen Rhythmus finden, der Ihnen genügend

Lee Trevino

Jim Furyk

Zeit gibt, Ihre Fehler zu kompensieren. Ganz gleich, wie der Schwung auch aussehen mag:

Es gibt keinen einzig richtigen Weg, den Golfschläger zu schwingen! Es gibt lediglich schwierige und weniger schwierige Wege.

Genauso wenig wie es zwei identische Fingerabdrücke gibt, gibt es auch keine zwei absolut identischen Golfschwünge. Unabhängig von der Lehrmethodik des ein oder anderen Golf-Pros – **es kommt darauf an, Ihren ganz individuellen Schwung zu finden!**

„The Move" wird Ihnen auf anschauliche Weise helfen, Ihren individuellen Schwung zu entwickeln. Und dank moderner Driving Ranges

Jon Daly

Colin Montgomerie

werden Sie dabei wesentlich mehr hilfreiches Feedback erhalten, als es die abgebildeten Ladies & Gentlemen damals bekommen haben. Durch den vernünftigen Einsatz von Spiegeln, Video-Equipment und mit Hilfe eines geschulten Golf-Pros werden Sie schnell zum gewünschten Resultat kommen.

Unser Wissen in Sachen Biomechanik und Physiologie wird Ihnen helfen, Ihre individuellen, von Ihrem Körper vorgegebenen Grenzen kennen zu lernen. Dank unseres Verständnisses für Lernabläufe werden Sie sich schneller an Ihren individuellen Schwung erinnern, diesen verstehen und wiederholen können, und unser Wissen in Sachen Psychologie wird Ihnen helfen, Ihren indi-

viduellen Schwung auch zu behalten! Dieses Buch wurde verfasst, damit Sie Ihr ideales MOVEment finden. Lesen und trainieren Sie mit „The Move", und erreichen Sie so Ihr wahres Potential!

Anwendungshinweis:

Die Visualisierung sämtlicher Lerninhalte steht in diesem Buch ganz bewusst im Vordergrund. Um den Lernerfolg zu erhöhen, gibt es dieses Buch als Rechtshänder- und Linkshänderfassung. Sie halten im Moment die Ausgabe für Rechtshänder in Händen. Wenn Sie Linkshänder und „Linksspieler" sind, sollten Sie die Edition für Linkshänder wählen!

Der Griff

Jeder von uns hat schon einmal einen Ball geworfen. Haben Sie sich dabei vorher genau überlegt, was Ihre Hand tun muss und wie Sie Ihre Finger zu halten haben? Natürlich nicht. Denken Sie, ein Tennis- oder Hockeyspieler überlegt beim Schlag, was seine Hände tun müssen? Natürlich nicht. Auch beim Golfschwung wollen wir nicht über unsere Hände nachdenken. Natürlich nicht.

Wenn Sie eine Bowlingkugel rollen, halten Sie diese ganz automatisch anders, als wenn Sie einen Tennis- oder Golfball werfen: Die Bowlingkugel liegt in der gesamten Hand, den Tennis- bzw. Golfball halten Sie locker nur mit den Fingern. Schließlich werden Sie beim Bowlen kaum mit Ihrem Handge-

lenk, sondern mit dem gesamten Arm arbeiten. Beim Werfen eines Balles hingegen nutzen Sie das Handgelenk, um die gesamte Bewegung zu beschleunigen und

Halten Sie den Schläger locker mit den Fingern Ihrer rechten Hand, wie wenn Sie einen Golfball halten

so mehr Distanz zu erreichen. Wir entscheiden uns für den Griff, der für den Golfschwung geeigneter erscheint: Da wir den Ball möglichst weit schlagen wollen – was de facto bedeutet, dass der Schläger mit hohem Tempo schwingen muss–, halten wir den Golfschläger locker mit den Fingern. Mit den Fingern der rechten Hand.

Gar nicht kompliziert:
Der richtige Griff

Visualisierungs-Übung

Schauen Sie sich die Bilder auf den Seiten 11 und 12 genau an, und speichern Sie diese vor Ihrem inneren Auge ab, sodass Sie sich die Bilder auch mit geschlossenen Augen exakt vorstellen können. Halten Sie die Augen geschlossen. Nehmen Sie nun in Ihrer Vorstellung einen Schläger in die Hand, und greifen Sie den Schläger locker mit den Fingern Ihrer rechten Hand. Wiederholen Sie diese Visualisierungs-Übung so oft, bis Sie sich exakt vorstellen können, wie Sie den Schläger halten. Sie sollten dabei sogar den Gummi des Schlägergriffes in Ihren Fingern fühlen und das Gewicht des Schlägerkopfes spüren können.

Mit dem richtigen Griff liegt der
Schläger sicher in Ihrer Hand

Finger-Übung

So kräftigen Sie Ihren Mittel- und Ringfinger: Nehmen Sie den Golfschläger wie besprochen in die rechte Hand. Strecken Sie nun wie abgebildet den Daumen und Zeigefinger aus, sodass Sie den Schläger nur mit den unteren drei Fingern halten. Bitten Sie nun einen Partner, den Schläger abwechselnd leicht nach links und rechts zu drücken (s. Foto S. 14). Oder kippen Sie den Schläger alleine langsam abwechselnd leicht nach rechts und dann nach links. Verwundert, wie stabil und sicher dieser Griff ist?

Der Griff

Können wir mit nur einer Hand Golf spielen?

Selbstverständlich. Nur ist es mit zwei Händen einfacher. Also nehmen wir den Schläger in beide Hände.

Die linke Hand hat von Natur aus relativ wenig Gefühl, gerade was Richtung betrifft. Deshalb spielt sie beim Golfschwung vor allem eine begleitende und stabilisierende Rolle. Sie hilft, den Schlägerkopf auf der richtigen Bahn zum Ball zu führen. Der richtige Griff garantiert dabei, dass der Schläger sicher in Ihren Händen liegt – obwohl wir den Schläger dafür nicht besonders fest halten müssen.

Die beim Golfschung auftretenden Zentrifugalkräfte bewirken, dass ein der Golfschläger förmlich aus den Händen gerissen wird. Mit dem richtigen Griff kann das zum Glück nicht passieren. Zwischen Handballen und Fingern der linken Hand quasi eingeklemmt, haben Sie den Schläger mit wenig Druck sehr sicher im Griff.

So halten Sie den Schläger richtig in Ihrer linken Hand: Lassen Sie Ihre linke Hand einfach hängen (1), und greifen Sie nun den Schläger an ihrer Hosennaht (2).

Der Schläger sitzt somit sicher zwischen Ihrem Zeigefinger und dem Handballen. Test: Halten Sie den Schläger vor Ihrem

1

2

3

Körper, sodass der Schlägerkopf senkrecht in den Himmel zeigt (3 & 4). Strecken Sie nun die unteren drei Finger aus (5), und bitten Sie einen Partner, an dem Schläger zu ziehen (6). Sie werden überrascht sein, wie sicher der Schläger in Ihrer Hand liegt!

6

4

5

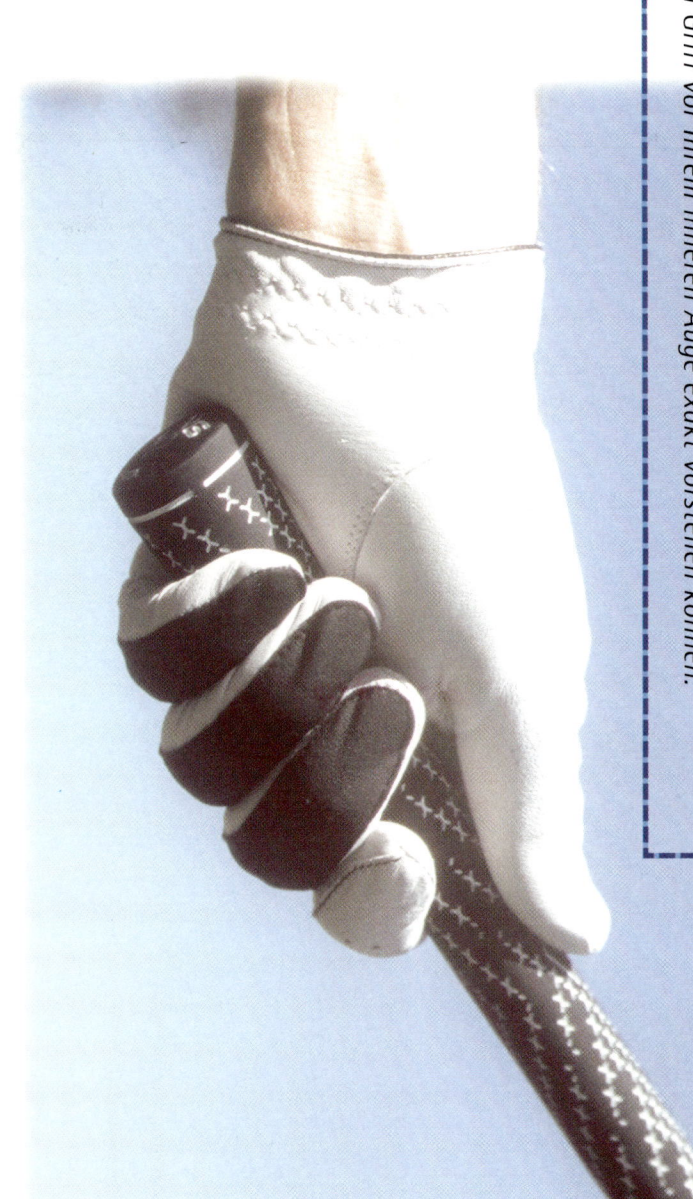

Visualisierungs-Übung

Schauen Sie sich das Bild auf dieser Seite genau an, und nehmen Sie in Gedanken den Schläger wie gezeigt in die linke Hand. Vergleichen und überprüfen Sie dabei die Position der Finger, besonders die des Daumens, und die Haltung der gesamten Hand so lange, bis Sie sich den Griff vor Ihrem inneren Auge exakt vorstellen können.

Setzen Sie die rechte Hand unter die linke

Setzen Sie nun die rechte Hand unter die linke. Die Falte zwischen dem Ballen Ihres rechten Daumens und dem rechten Handballen ruht dabei auf dem Gelenk Ihres linken Daumens. Schließen Sie nun die rechte Hand, sodass der rechte Daumen über dem linken liegt und zur Fingerspitze Ihres rechten Zeigefingers zeigt.

A

B

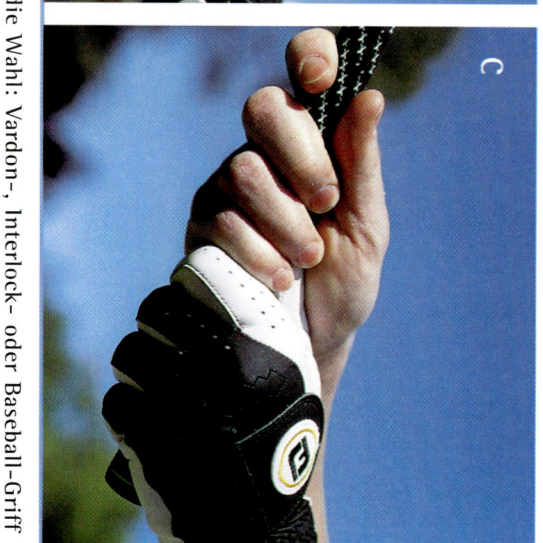

C

Der Griff

Sie haben die Wahl: Vardon-, Interlock- oder Baseball-Griff

Was den kleinen Finger Ihrer rechten Hand betrifft, gibt es drei verschiedene Varianten, den Schläger zu halten. Alle drei machen durchaus Sinn und werden erfolgreich von Pros angewandt. Probieren Sie selbst, welcher Griff Ihnen am besten gefällt. Wichtig: Bei allen drei

Griffen sind die bereits erwähnten „Basics" identisch, sodass der Schläger locker und sicher in Ihren Händen liegt.

Beim „Vardon-Griff" (A; benannt nach seinem Erfinder Harry Vardon) nehmen der Zeige- und Mittelfinger der linken Hand den kleinen Finger

der rechten Hand quasi huckepack; beim „Interlock-Griff" (B) hakt sich der kleine Finger der rechten Hand beim Zeigefinger der linken Hand unter, und beim „Baseball-Griff" (C) liegt der kleine Finger der rechten Hand einfach neben dem Zeigefinger der linken.

Griff-Übung

Betrachten Sie nun das Bild Ihres Lieblingsgriffes auf Seite 20, und kopieren Sie diesen wie folgt beschrieben. Nehmen Sie dieses Mal tatsächlich einen Schläger in die Hand.

1. Stellen Sie sich aufrecht hin, lassen Sie die Arme locker hängen, und greifen Sie den Schläger mit Ihrer linken Hand an der Hosennaht.

2. Halten Sie den Schläger etwa auf Hüfthöhe, sodass der Schlägerkopf auf Brusthöhe senkrecht in den Himmel zeigt.

3. Setzen Sie die rechte Hand auf die gewählte Art und Weise hinzu.

Die Ansprechhaltung

Eine athletische Haltung

Zuerst einmal: Die optimale Ansprechhaltung zu finden und zu verstehen ist – wie auch der Griff – eine ebenso leichte, wie wichtige Aufgabe.

Der Golfschwung ist eine kraftvolle und dynamische Bewegung, die viel Balance und Koordination erfordert. Die Aufgabe der Ansprechhaltung besteht darin, diese dynamische Bewegung sowohl nach links als auch nach rechts zuzulassen, ohne dabei das Gleichgewicht zu verlieren. Bevor wir das Rad neu erfinden, schauen wir uns doch einmal an, welche Haltung bei anderen Ihnen bekannten Sportarten erfolgreich ist!

Wenn ein Tennisspieler bereit ist, einen Aufschlag zu retournieren, nimmt er automatisch eine Haltung ein, die ihn optimal dabei unterstützt: Er steht etwa schulterbreit, ist leicht in den Knien, etwas nach vorne geneigt, und das Gewicht liegt auf den Fußballen. So kann der Tennisspieler schnell sowohl nach rechts wie auch nach links agieren, ohne dabei das Gleichgewicht zu verlieren. Diese Haltung nimmt ein Tennisspieler geradezu instinktiv ein.

Bei einem Elfmeter beim Fußball nimmt der Torman in etwa die gleiche Haltung ein wie der Tennisspieler. Auch er weiß nicht, in welche Richtung er sich bewegen muss, und ebenso muss er sowohl nach links als auch nach rechts schnell und dynamisch agieren können.

Tennis und Fußball – zwei verschiedene Sportarten, die jedoch in bestimmten Situationen dieselben Anforderungen an den Körper stellen.

Ein weiser Mann hat einmal gesagt: „Ein Bild sagt mehr tausend Worte." Anstatt also anhand von Winkeln, Abständen und Beziehungen zwischen irgendwelchen Körperteilen Ihnen zu erklären versuchen, wie Ihre Ansprechhaltung beim Golf auszusehen hat, bitte ich Sie, einfach die folgenden Bilder genau zu betrachten und sich dabei in den Tennisspieler oder Torwart hineinzuversetzen und seine Haltung nachzuahmen. Auf diese Weise werden Sie Ihren optimalen Stand finden.

Sowohl der Tennisspieler als auch der Torwart und der Golfer nehmen im Grunde eine idententische, athletische Grundhaltung ein: Sie ist dynamisch und ausbalanciert

Visualisierungs-Übung

Stellen Sie sich vor einen großen Spiegel oder ein reflektierendes Fenster, und nehmen Sie die athletische Grundhaltung ein. Vergleichen Sie sich selbst mit den Bildern auf den Seiten 24 und 25, bis Sie sich in Ihrer Haltung wohl fühlen. Vergewissern Sie sich, dass Sie sich schnell und dynamisch in beide Richtungen bewegen können. Stellen Sie sich dabei vor, Sie ständen im Tor und müssten einen Elfmeter halten oder Sie seien auf dem Tennisplatz und müssten den harten Aufschlag Ihres Gegners erreichen. Bitten Sie dann einen Freund, Ihre Umrisse auf dem Spiegel zu markieren. So können Sie Ihre Haltung später immer wieder vergleichen und gegebenenfalls korrigieren. Schließlich sind wir alle nicht nur vergesslich, sondern auch ein wenig faul, was dazu führt, dass wir womöglich ein anderes Mal einen aufrechteren oder weniger dynamischen Stand einnehmen.

1

2

Ansprech-Übung

Ergänzen Sie nun die Übung von Seite 21, indem Sie die nachfolgenden Schritte einfach hinzufügen. Wiederholen Sie die Übung, bis Sie den Ablauf automatisiert haben. Stellen Sie sich für diese Übung einen Ball vor, der etwas nach vorne versetzt zwischen Ihren Beinen liegt.

1. Stellen Sie sich aufrecht hin, lassen Sie die Arme locker hängen, und greifen Sie den Schläger mit Ihrer linken Hand an der Hosennaht.

2. Halten Sie den Schläger etwa auf Hüfthöhe, sodass der Schlägerkopf auf Brusthöhe senkrecht in den Himmel zeigt.

3. Nehmen Sie die rechte Hand hinzu, und gehen Sie in die athletische Grundhaltung. Schauen Sie dabei nach vorne.

4. Lassen Sie nun einfach Ihre Arme hängen, sodass der Schläger den Boden berührt. Lassen Sie Ihren Stand dabei unverändert.

5. Schauen Sie nach unten auf den imaginären Ball, der nun vor Ihrem Schläger liegt.

Hinweis

Da sich die rechte Hand unterhalb der linken befindet, ist die rechte Schulter automatisch tiefer als die linke.

Ausserdem ist der rechte Arm leicht abgewinkelt, während der linke fast durchgestreckt ist. Beachten Sie dabei, dass der rechte Ellenbogen auf Ihr rechtes Hüftgelenk zeigt.

Wiederholen Sie diese Übung regelmäßig. Sowohl auf der Driving Range als auch zu Hause. Es mag genügen, sich die einzelnen Schritte der Übung nur vorstellen, ohne sie tatsächlich auszuführen.

Es ist auch nicht erforderlich, dass Sie für diese Übung auf den Golfplatz gehen. Ich selbst gehe abends, bevor ich ins Bett gehe, noch oft durch diese Routine. Ziel dieser Übung ist es, die Routine ihrem Kopf geradezu einzutrichtern, sodass Sie gar nicht mehr anders können, als die Ansprechhaltung auf diese Art einzunehmen.

5

Der Grundschwung

Nicht jeder Golfschwung ist gleich. Das hat physikalische Gründe und hängt mit Talent, Geschlecht, Alter und Ihren sportlichen Erfahrungen zusammen. Der Grundschwung soll Ihnen daher helfen, die wichtigen Bestandteile des Golfschwungs einfach und schnell zu lernen, ohne dabei die eigenen Grenzen überschreiten zu müssen. Tatsächlich wird der Grundschwung für einige Golfer durchaus bereits der – wie ich ihn nenne – Vollschwung sein. Und zwar für jene, die aufgrund körperlicher Gegebenheiten nicht (mehr) in der Lage sind, die extremen Limits eines 20-Jährigen oder eines Golf-Pros zu erreichen.

Ich setze zunächst nicht nur Augenmerk auf einen einfachen Schwung, sondern auch auf ein einfaches Lernen! Wenn es darum geht, große Mengen an Informationen zu verarbeiten, liegt der Schlüssel zum Erfolg darin, die Information in kleine Bruchstücke aufzusplitten. Vergleichen wir es einmal mit Tanzunterricht: Da der komplette Tanz auf einmal viel zu kompliziert zu erlernen wäre, übt man Step by Step und setzt am Ende alles zusammen. So wird der Lernprozess erheblich vereinfacht. Und genauso werden wir nun mit dem Grundschwung verfahren.

Indem wir uns die einzelnen Schritte anhand von Bildern zu Gemüte führen, können wir uns zudem eine Unmenge Analysen und komplizierte Vergleiche sparen. Denn erinnern Sie sich: „Ein Bild sagt mehr als tausend Worte!"

Step 1

Nehmen Sie die Ansprechhaltung ein, wie im vorhergehenden Kapitel beschrieben (0). Ich schlage vor, mit einem Eisen sieben oder einem Eisen acht zu beginnen.

Verlagern Sie zuerst Ihr Gewicht auf das rechte Bein. Step 1 des Grundschwunges besteht aus einer Drehung des Körpers vom Ziel weg, sodass Arme, Hände und Schläger nach rechts schwingen können.

Da sich dabei die Hüfte nach rechts dreht, dreht sich automatisch auch die Wirbelsäule und nimmt den Kopf mit (1)! Wichtig: Vergewissern Sie sich, dass Ihr Gewicht bei diesem Schritt auf dem rechten Bein liegt.

Step 1

Ansprechhaltung

Step 1

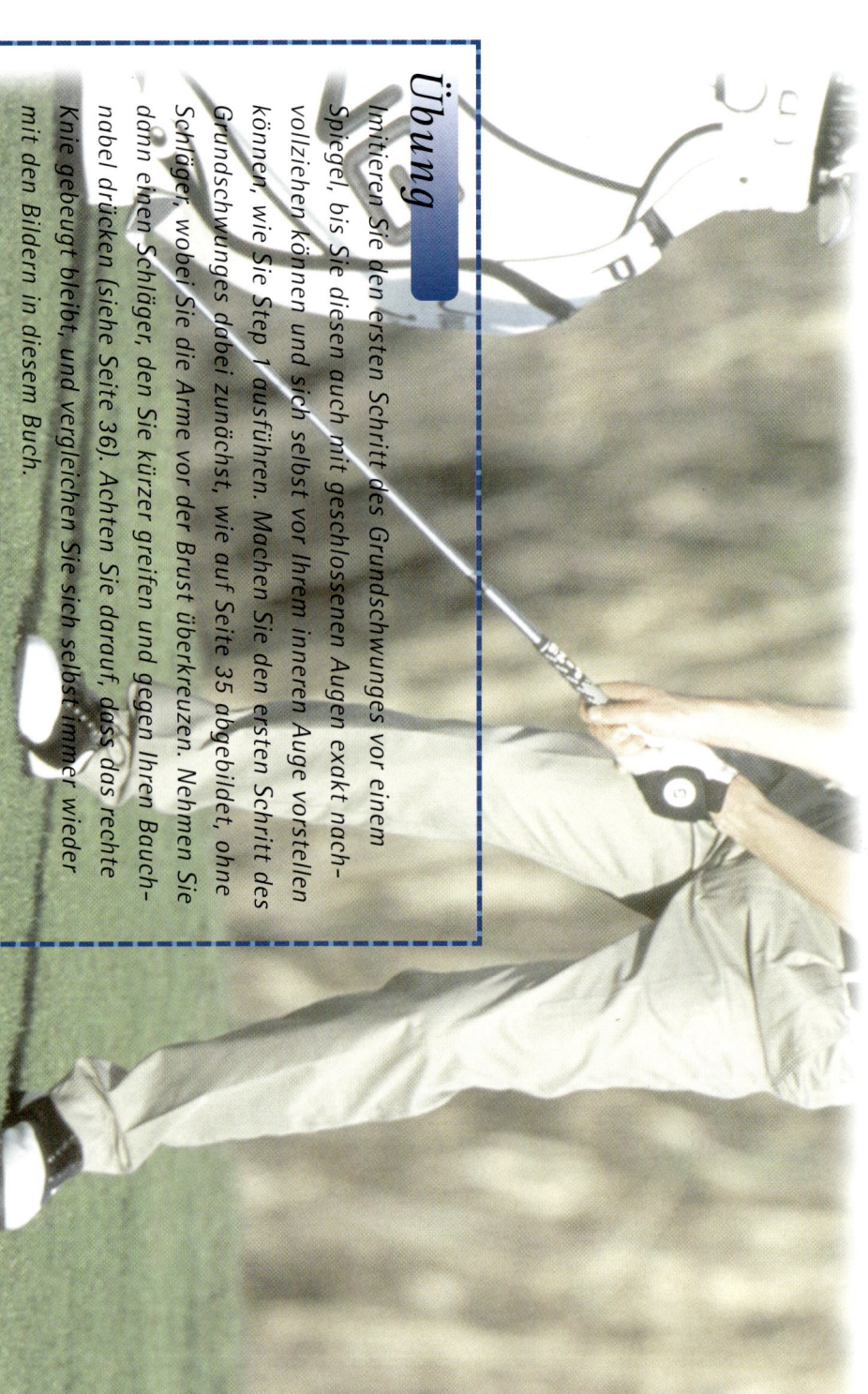

Übung

Imitieren Sie den ersten Schritt des Grundschwunges vor einem Spiegel, bis Sie diesen auch mit geschlossenen Augen exakt nachvollziehen können und sich selbst vor Ihrem inneren Auge vorstellen können, wie Sie Step 1 ausführen. Machen Sie den ersten Schritt des Grundschwunges dabei zunächst, wie auf Seite 35 abgebildet, ohne Schläger, wobei Sie die Arme vor der Brust überkreuzen. Nehmen Sie dann einen Schläger, den Sie kürzer greifen und gegen Ihren Bauchnabel drücken (siehe Seite 36). Achten Sie darauf, dass das rechte Knie gebeugt bleibt, und vergleichen Sie sich selbst immer wieder mit den Bildern in diesem Buch.

Step 2

Step 2

Sie sollten nun Step 1 visualisiert haben. Das heißt, Sie sollten sich genau vorstellen und dabei fühlen können, wie Step 1 aussieht. Drehen Sie nun den Oberkörper ein wenig weiter. Wichtig: Hüfte und Beine drehen nicht weiter mit. Die Hand-gelenke werden nun abgewinkelt und unterstützen so die Arme, nach oben zu schwingen. Beachten Sie, dass sich das Gewicht weiter nach hinten zur Ferse hin verlagert, die Körperhaltung jedoch unverändert bleibt.

0 Ansprechhaltung

1 Step 1

2 Step 2

...hnik-Tipp

...e sich so vor einen Spiegel stel-
...sich dieser rechts hinter Ihnen
... können Sie überprüfen, ob sich
...2 Ihre Hände in der Mitte des
...bes befinden und ob der Schaft
...hlägers dabei auf den Ball zeigt.
...der Fall, wird der Schläger beim
...ung quasi von selbst seinen Weg
...ll finden!

Bekommen Sie
ein Gefühl dafür

Eine Bewegung zu erlernen erfordert von Ihnen zunächst sich zu erinnern, wie diese Bewegung aussehen soll. Je öfter Sie eine bestimmte Bewegung gesehen haben, desto detaillierter werden Sie sich an sie erinnern und diese nachmachen können. Da Sie sich selbst nicht betrachten können, wenn Sie einen Golfschwung ausführen, müssen Sie mit der Zeit spüren, ob die Bewegung richtig war. Unglücklicherweise ist die Fähigkeit, Bewegungen mit Hilfe von Gefühlen zu kontrollieren, sehr individuell und unterschiedlich ausgeprägt. Wenn Sie den Großteil Ihres Lebens in einem Bürostuhl am Schreibtisch verbringen, in einem Auto sitzen oder in einem

Sessel vor dem Fernseher, kann es durchaus sein, dass Sie diese Fähigkeit weitgehend verloren haben.

TEST:

Stellen Sie sich aufrecht hin, und strecken Sie Ihren rechten Arm aus. Schließen Sie nun die Augen, und senken Sie Ihre Hand so weit, bis Sie denken, dass Ihre Hand auf Gürtelhöhe angelangt ist. Öffnen Sie Ihre Augen wieder, und kontrollieren Sie, ob Sie die Hand tatsächlich auf Gürtelhöhe halten. Dieser einfache Test zeigt Ihnen, wie sehr Ihr Gefühl, was Sie zu tun glauben, von dem, was Sie tatsächlich tun, abweicht.

DAS PROBLEM:

Wahrscheinlich weichen Ihre Hände bei jedem Schritt des Golfschwun-

---

Übung

Benutzen Sie von nun an immer einen Spiegel, und wiederholen Sie die ersten beiden Steps noch einmal. Denken Sie dabei nicht darüber nach, wie Sie es zu tun haben, sondern lassen Sie einfach Ihren Körper die richtigen Bewegungsabläufe finden.

ges in etwa im gleichen Maße von der Schwungebene ab wie eben beim Test die Hand von der Gürtelhöhe. Wenn Ihre Hände zu sehr von der Schwungebene abweichen, sollten Sie vielleicht mit größeren Bällen spielen – nur ist das leider nicht erlaubt.

Sport an sich, ganz gleich ob Fußball, Aerobic, Seilspringen oder Fangen, hilft Ihnen, die Fähigkeit zu verbessern, Ihre Bewegungen zu spüren. Es ist daher zu empfehlen, täglich Sport zu treiben – in welcher Form auch immer. Aber natürlich ist das Trainieren Ihres Golfschwunges die beste Übung!

Üben Sie Step 1 und Step 2 mit und ohne Schläger. Schließen Sie aber dieses Mal Ihre Augen. Das ist eine ideale Möglichkeit, die Bewe-

gung tatsächlich zu spüren. Schwingen Sie bis zu einer der beiden Kontrollpositionen zurück, öffnen Sie dann Ihre Augen, und vergleichen Sie Ihre Haltung mit den Bildern im Buch. Sobald Sie das richtige Bild in Ihrem Kopf haben und zugleich wissen, wie es sich anfühlt, wenn Sie diese Bewegung nachmachen oder die Kontrollposition einnehmen, haben Sie die Bewegung erlernt. Wiederholen Sie diese Bewegung immer wieder, dann wird Sie Ihnen in Fleisch und Blut übergehen.

VORSICHT:

Sie verlieren Ihren Schwung, wenn Sie das innere Bild des Schwungs vergessen oder wenn Ihnen das Gefühl für den Schwung oder die Fähigkeit, beides zu koordinieren, abhanden kommt.

Übung

Blättern Sie nun zurück zu den Bildern der Ansprechhaltung sowie zu Step 1 und Step 2. Schauen Sie sich die Bilder noch einmal genau an. Lassen Sie sich dabei sehr viel Zeit. Alle Informationen, die Sie benötigen, um die Ansprechhaltung einzunehmen und die beiden ersten Schritte des Grundschwunges durchzuführen, finden Sie in den Bildern. Beachten Sie, wo der Schlägerkopf bei den verschiedenen Steps hinzeigt, wo sich die Hände und Arme im Verhältnis zum Körper befinden und was die Hüfte, der Oberkörper und die Schultern dabei machen. „Kopieren" Sie soviel wie möglich, während Sie das Bild in Ihrem Kopf immer weiter verbessern. Natürlich ist es nicht immer nötig, sich Bewegungsabläufe

derart bewusst zu machen. Es kann daher sein, dass Sie die Ansprechhaltung oder bestimmte Bewegungen bereits von ganz alleine richtig machen. Trotzdem: Je besser das Bild einer Bewegung in Ihrem Kopf ist und je besser Sie sich selbst beim Ausüben dieser Bewegung vorstellen können, desto besser werden Sie diese Bewegung auch tatsächlich ausführen. Die Qualität Ihres Trainings hängt unmittelbar davon ab, wie vollständig Ihr Bild im Kopf ist. Nur dann, wenn Sie auch den Unterschied zwischen dem, was Sie tun wollen, und dem, was Sie tatsächlich tun, erkennen, werden die Übungen auch funktionieren. Es empfiehlt sich daher, sehr selbstkritisch und exakt zu beobachten.

Step 3

Step 3

Auf Step 1 und 2 folgt Step 3: Erlauben Sie nun Ihren Hüften, langsam zurück zu Ihrer Anfangsposition zu drehen, sodass der automatisch nachfolgende Körper die Arme und den Schläger mitnimmt. Ihr Körpergewicht verlagert sich dabei unwillkürlich zurück zur Körpermitte. Nehmen Sie ihre Arme ein wenig nach unten. Tipp: Das Ende des Griffes zeigt nun auf oder etwas vor den Ball, die Schultern sind jedoch noch gegen die Hüfte gedreht (wie bei Step 2)

Setzen Sie nun Step 1, 2 und 3 vor dem Spiegel zu einer flüssigen Bewegung zusammen. Üben Sie dabei sowohl mit geöffneten als auch mit geschlossenen Augen. Überprüfen Sie die Bewegung regelmäßig, sodass Sie ein Bild von dem bekommen, was Sie fühlen – beziehungsweise ein Gefühl von dem, was Sie sehen.

Ansprechhaltung

Step 1

Step 2

Step 3

Step 4

Die Arme „schwingen" nun weiter nach unten und bringen so den Schläger zu exakt der Stelle, wo der Ball liegt. Beachten Sie, dass Step 4 (der Treffmoment) nicht mit der Ansprechhaltung übereinstimmt! Zudem kann diese Position – abhängig von Ihren eigenen physiologischen Voraussetzungen und Ihrem Alter – leicht variieren. Machen Sie sich also nicht zu viele Gedanken, wenn Sie diese Position nicht exakt imitieren können. Achten Sie allerdings darauf, dass der Schlägerkopf den Boden berührt und das Schlägerblatt in Richtung des Ziels zeigt!

Step 4

Ohh, der Ball ist im Weg

Obwohl ich Step 4 als den wichtig-
sten Teil des Schwunges beschrieben habe, ist es nicht erforderlich,
sich das Treffen des Balles zum
Ziel zu setzen. Wenn Sie den
Schläger wie beschrieben schwingen, ist der Ball zwangsläufig im
Weg, sodass der Schläger nicht anders kann, als den Ball zu treffen.
Sie sollten daher einfach Ihren
Körper drehen und den Schläger
quasi in den Treffmoment „fallen
lassen" (von Step 3 zu Step 4).

Fügen Sie nun zu Step 1 bis 3
Step 4, den Treffmoment, hinzu.
Wiederholen Sie diese Schritte wieder und wieder, mit geöffneten
und mit geschlossenen Augen, mit
und ohne Schläger. Vergleichen Sie
dabei sich selbst mit den Bildern.

Wichtig: Auch wenn der Treff-moment der wohl wichtigste Teil des Golfschwunges ist – diesen Teil des Golfschwunges können Sie nicht bewusst kon-trollieren! Das liegt ganz ein-fach daran, dass beim flüssi-gen Golfschwung diverse Fliehkräfte auf den Schläger und Ihren Körper wirken, die Sie nicht bewusst steuern oder imitieren können.

0

Ansprechhaltung

1

Step 1

Step 4

Step 3

Step 2

Ansprechhaltung

Step 1

Step 2

Wiederholen Sie Step 1 bis 4 auch ohne Schläger mit vor der Brust überkreuzten Armen.

Diese Übung ist für zu Hause perfekt geeignet, um so intensiv wie möglich das richtige Gefühl zu bekommen.

Step 4

Step 3

Step 5

Schwingen Sie mit den Armen weiter, bis Sie schließlich die Position erreichen, die Sie von den meisten Fotos in Golfzeitschriften kennen. Das vordere Bein ist nun gestreckt, und das Gewicht sollte – perfekt ausbalanciert – auf der Ferse bzw. der Fersenaußenkante liegen. Nicht jeder Golfer wird exakt die gleiche Haltung erreichen können – also seien Sie nicht beunruhigt, wenn Sie selbst nicht identisch aussehen. Wichtig ist, dass Ihr Gewicht auf Ihrer Ferse liegt (soweit möglich) und dass Sie ausbalanciert sind.

5

Step 5

Der erste Schlüssel zum Erfolg

Gleichgewicht ist der erste Schlüssel zum Erfolg. Alle wissenschaftlichen Studien zum Golfschwung haben lediglich zwei Übereinstimmungen bei allen guten Golfern gefunden. Eine davon ist Gleichgewicht.

Übung

Zurück vor dem Spiegel üben Sie den kompletten Grundschwung von Step 1 bis Step 5 (Seite 54–55), um zunächst die Erinnerung an die Bilder zu verbessern und dann zu kontrollieren, ob Ihr Gefühl für die einzelnen Positionen stimmt. Sie werden wahrscheinlich feststellen, dass Ihnen ein bestimmter Punkt schwerer fällt als die anderen. Seien Sie geduldig – was immer Sie lernen wollen, benötigt Zeit. Glauben Sie ganz fest daran, dass Sie es können, es ist wirklich nicht so schwer! Führen Sie den kompletten

Grundschwung nun ohne Schläger aus, nehmen Sie einen Golfball in die rechte Hand, und werfen Sie ihn wie abgebildet (Seite 56–57).

Ansprechhaltung

Step 1

Step 2

5

4

3

Step 5

Step 4

Step 3

Step 0

Step 1

Step 2

Step 5

Step 4

Step 3

Der Grundschwung

Der zweite Schlüssel zum Erfolg

Rhythmus ist der zweite Schlüssel zum Erfolg. Alle guten Golfer haben ihn und können ihn beibehalten – in welche Situation Sie auch immer kommen mögen. Den Rhythmus zu beherrschen wird Ihnen helfen, das Erlernte in die Praxis umzusetzen.

Es gehört zu den Grundschwierigkeiten eines Golf-Lehrbuches, Rhythmus zu erklären und zu lehren. Ich werde es dennoch versuchen: Rhythmus ist das Tempo des Golfschwunges. Dabei ist zu beachten, dass die Geschwindigkeit natürlich nicht über den gesamten Schwung dieselbe bleibt. Im Moment des Ballkontaktes wird der Schläger von Natur aus am schnellsten schwingen. Ziel ist es, einen

Rhythmus zu finden, der es Ihnen ermöglicht, flüssig und so schnell wie möglich die einzelnen Schritte des Schwunges zusammenzufügen, ohne dabei das Gleichgewicht zu verlieren.

Befänden wir uns in einer Tanzstunde, wären wir nun an dem Punkt angelangt, wo der Tanzlehrer die Musik anstellt und von Ihnen erwartet, sich zum Rhythmus der Musik zu bewegen. Selbst mit Musik ist es nicht leicht, die einzelnen Schritte, die Sie zuvor gelernt haben, zu einer flüssigen Bewegung zusammenzufügen. Um Ihnen den Rhythmus Ihres Golfschwunges mit Musik beizubringen, bräuchten wir für jeden Golfer ein eigenes Lied. Schließlich ist jeder Golfer ein Individuum. Wir werden daher den Rhythmus finden, der am besten zu

Ihnen passt. Gehen Sie nicht davon aus, dass zu viel Tempo automatisch mit schlechtem Rhythmus gleichzusetzen ist. Wenn Ihr Körper den Schläger schnell schwingen kann, ohne dabei das Gleichgewicht zu verlieren, dann ist das in Ordnung.

Beim Golf gibt es nicht wie beim Tennis einen ersten und einen zweiten Auf- bzw. Abschlag. Der Golfer hat nur eine Chance, den Ball gut zu treffen. Hätte der Tennisspieler nur einen Aufschlag zur Verfügung, würde er wahrscheinlich nicht so schnell aufschlagen. Er würde vielmehr im Rahmen seiner Fähigkeiten so schnell aufschlagen, dass er den Ball relativ sicher in das gegnerische Feld bekommt. Und genauso sollten Sie auch beim Golf schwingen: So schnell, dass Sie den Ball relativ sicher auf das Fairway schlagen. Denn noch hat niemand ein Turnier mit nur einem Schlag gewonnen – **meistens gewinnt der, der am konstantesten spielt.**

Übung

Nehmen Sie die Ansprechhaltung ein. Sprechen Sie anstelle eines Balles zunächst ein Tee an. Am besten eignet sich hierfür ein Gummi-Tee, wie Sie es in den Abschlagmatten finden. Wiederholen Sie nun die einzelnen Schritte des Grundschwunges, und fügen Sie diese zu einer flüssigen Bewegung zusammen, sodass Sie nicht mehr erkennen können, wo der eine Schritt endet und der nächste beginnt. Steigern Sie dabei das Tempo von Schwung zu Schwung. Achten Sie darauf, dass Sie immer im Gleichgewicht sind und bei jedem Schlag das Tee treffen. Schwingen Sie dabei nicht zu langsam und nicht zu schnell – finden Sie einen Rhythmus irgendwo dazwischen. Wenn Sie einen Rhythmus gefunden haben, mit dem Sie im Gleichgewicht bleiben und etwa ein Dutzend mal das Tee getroffen haben, legen Sie einen Ball auf das Tee. Machen Sie nun noch einen letzten Probeschwung, und lassen Sie dann einfach den Ball in den Weg des nächsten Schwunges kommen. Wichtig: Finden Sie einen Rhythmus, der Ihrer momentanen Technik entspricht. Wenn Ihre Technik besser wird, können Sie auch das Schwungtempo steigern. Beachten Sie, dass Sie niemals das Gefühl für die einzelnen Schritte verlieren dürfen. Und erst recht nicht das Vertrauen in Ihr Gefühl.

Einen guten Rhythmus zu finden und auch zu halten ist das Wichtigste beim Golfspiel, und es gibt verschiedene „böse Mächte" auf der Runde, die Sie aus dem Rhythmus bringen können. Selbst der Ball kann sich negativ auf Ihren Rhythmus auswirken, alleine aufgrund der Tatsache, dass Sie ihn treffen müssen. Diese Tatsache kann Sie ins Stottern bringen oder dazu führen, dass Sie zu schnell schwingen. Was auch immer die Auswirkungen sind – das ist ganz normal und wird besser, solange Sie realisieren, dass der gestörte Rhythmus daran Schuld ist, dass Sie den Ball nicht gut getroffen haben, nicht Ihre Technik.

Jede Störung in Ihrem Kopf wird sich störend auf Ihren Rhythmus auswirken.

Der Zwang, den Ball zu treffen, weiter zu schlagen, gut vor einem Zuschauer abzuschlagen, das Turnier zu gewinnen, ja keinen Fehler zu machen oder was auch immer, wird Auswirkungen auf Ihren Rhythmus und somit auf den Ballflug haben. Sie werden herausfinden, dass sich die Golfplatz-Architekten dieser Tatsache durchaus bewusst sind: Bunker, Wasserhindernisse, Out of Bounds, Hügel und Bäume – alles ist so platziert, dass es schwer fällt, sich nicht davon

stören zu lassen. Für Sie bedeutet das, dass Sie Ihren Kopf genauso trainieren müssen wie den Golfschwung selbst und bei jedem Schlag nur an das Eine denken dürfen: den Rhythmus.

Beobachten Sie gute Spieler! Auf Video oder besser live. Es gibt keine bessere Gelegenheit, seinen Rhythmus zu verbessern, als Pros oder Scratch-Golfern dabei zuzusehen, wie sie den Ball schlagen. Noch besser wäre es sogar, einen Golfer zu finden, der ungefähr Ihre Statur hat, vom gleichen Geschlecht und in etwa so alt ist wie Sie. Das Optimum wäre, mit diesem Golfer zu trainieren.

Übung

Finden Sie einen Pro oder einen guten Golfer, und trainieren Sie zusammen mit ihm oder ihr. Stellen Sie sich beide vor einen Spiegel, und gehen Sie zusammen die einzelnen Schritte des Grundschwunges durch. Imitieren Sie Ihr Vorbild dabei so exakt wie möglich – ähnlich wie in der Skischule, wenn Sie dem Skilehrer hinterherfahren. Setzen Sie die einzelnen Schritte dann langsam zu einer flüssigen Bewegung zusammen. Ihr Vorbild sollte maximal so schnell schwingen, wie es Ihnen möglich ist, ohne das Gleichgewicht zu verlieren. Wahrscheinlich werden Sie das Tempo mit ein wenig Übung bald steigern können.

Ein Kinderspiel

Eine Sache, für die Kinder bekannt sind, ist ihre Fähigkeit zu imitieren. Das ist auch der Schlüssel zum Lernerfolg. Als ich ein kleiner Junge war, hatte ich einmal Streit mit einem Freund. Wir standen am ersten Tee unseres Heimatclubs, und ich wollte Nick Faldo sein, der gerade ein Turnier gewonnen hatte. Aber mein Freund fand das unfair, da ich bereits am Tag zuvor Nick Faldo war. Letztendlich ließ ich ihn Nick Faldo sein und entschied mich, dann eben Greg Norman zu sein. Wir spielten die ganze Runde als Nick Faldo und Greg Norman. Was ich damals noch nicht wusste: Vieles an diesem Kinderspiel ist ganz einfach Spaß am Lernen.

Kinder hören nicht auf zu lernen, wenn Sie den Golfplatz verlassen. Immer wieder stellen sie sich vor, wie sie golfen und ein Turnier gewinnen, und auch das ist eine Form des Lernens. Es gibt keinen Champion, der noch nie davon geträumt hätte, Champion zu sein!

Nick Faldo

Just move it!

Vielleicht ist es Ihnen nicht bewusst, aber 95 Prozent Ihres Lebens laufen ab, ohne dass Sie einen bewussten Gedanken darüber verschwenden. Wenn Sie sich beispielsweise entscheiden, zum Golfplatz zu fahren, strecken Sie nicht bewusst Ihr Bein aus, um Gas zu geben, ebenso wenig winkeln Sie bewusst Ihr Handgelenk und Ihre Finger ab, um zu blinken. Das alles geschieht ganz automatisch. Sie denken dabei vielleicht schon längst an die bevorstehende Runde oder noch an Ihren harten Arbeitstag. Was Sie zum Golfplatz fährt, ist sozusagen Ihr Unterbewusstsein.

Dank automatisierter Abläufe ist unser Alltag wesentlich vereinfacht. Schwierige Bewegungsabläufe und Entscheidungen funktionieren mit sehr wenig Gedankenaufwand. Unser Gehirn lernt von vergangenen Erlebnissen und dupliziert die Reaktionen, wenn wir wieder in eine ähnliche Situation kommen. Was Sie nun zu tun haben, ist, den Golfschwung zu automatisieren. Das ist nicht schwieriger als bei irgend einem anderen Sport, einem anderen Ablauf oder einer anderen Entscheidung.

Das Hauptproblem beim Erlernen des Golfspiels ist die Tatsache, dass sich der Ball nicht bewegt. Das führt nämlich dazu, dass wir viel zu viel Zeit haben, darüber nachzudenken, und der Illusion verfallen, sofort Perfektion zu erzielen.

Beim Tennis kann ein Anfänger nicht erwarten, den ersten Aufschlag gleich perfekt zu servieren.

Übung

Schließen Sie Ihre Augen, und stellen Sie sich vor, Sie wären ein Pro Ihrer Wahl (wenn Sie zusammen mit einem Pro trainieren, entscheiden Sie sich für Ihn). Schwingen Sie nun durch die fünf Schritte des Grundschwunges, und nehmen Sie dabei seinen Rhythmus an. Beobachten Sie ihn im Geiste, wie er Bälle schlägt. Stellen Sie sich dabei auch vor, wie der Ball fliegt. Öffnen Sie anschließend Ihre Augen, legen Sie einen Ball auf das Tee, und erwarten Sie das gleiche Ergebnis.

Dasselbe ist auch beim Golf der Fall. Was wir daher brauchen, ist eine strikte Routine, bestehend aus einer Anzahl durchzugehender Punkte und Gedanken. Wenn Sie diese Routine oft genug wiederholen, wird Ihr Gehirn die Bewegung automatisieren. Und dann: Just move it!

Tipp

Lassen Sie Ihren Pro entscheiden, an welche Punkte Sie während des Golfschwunges denken sollen. Er wird erkennen, wo Sie am meisten von einem der fünf Steps abweichen.

Der Grundschwung: Finden Sie Ihren ganz individuellen Rhythmus, und halten Sie dabei das Gleichgewicht. Visualisieren Sie die komplette Bewegung, sodass Sie sich vor Ihrem inneren Auge selbst beim Schlagen des Balles sehen können

Der Grundschwung

Wenn ein Tennisspieler den Ball schlägt, an was denkt er dabei? An seine Hände? An seinen Schläger? Vielleicht daran, was sein Kopf tun soll? Oder denkt er daran, wohin er den Ball schlagen will? Natürlich – er denkt an das Ziel. Alle Ballsportler visualisieren ein Resultat, bevor sie den Ball schlagen. Und genauso müssen Sie es auch tun. Probieren Sie es selbst aus: Überlegen Sie sich, wie Sie einen Tennisball werfen müssen, damit er Spin bekommt und vom Boden zur Seite wegspringt. Bereits während Sie überlegen, fangen Sie ganz automatisch an, Ihren Arm und Ihre Hand zu bewegen. Der Grund: Die Zielvorstellung weckt das Gefühl, das für die Bewegung notwendig ist.

Übung

Erinnern Sie sich an Ihren besten Schlag, den Sie bei der letzten Übung hatten. Auch dann, wenn er nicht besonders weit und nicht sehr gerade war. Versuchen Sie, sich genau an den Ballflug zu erinnern. Gehen Sie dann wie besprochen durch Ihre Routine, und schlagen Sie den nächsten Ball – mit dem Ziel und der Erwartung, erneut so zu schlagen. Wiederholen Sie diese Übung, und ersetzen Sie dabei Ihren imaginären Ballflug jedes Mal, wenn Sie einen besseren Schlag haben. Wichtig: Stellen Sie sich immer nur Ihren bestmöglichen Schlag vor, auch dann, wenn Sie genau wissen, dass Sie nicht immer so schlagen können!

Unlogischer Optimismus

Der letzte Teil der Übung wird "unlogischer Optimismus" genannt (nach Bob Rotella). Darunter versteht man die Fähigkeit, positiv zu denken, auch wenn die Zeichen gegen einen sprechen. Jeder gute Sportler hat diesen unlogischen Optimismus – wenn nicht, würde er ganz sicher versagen.

Was denken Sie, wie viele Tore ein Fußballer wie David Beckham oder Mario Basler bei zehn Chancen verwandelt? Die Antwort ist: eines. Wie oft denken Sie, traf Babe Ruth (der legendäre Baseballer) den Ball bei zehn Würfen? Die Antwort ist: drei Mal – und heraus kamen beileibe nicht nur Homeruns.

Welchen Sport Sie auch immer nehmen – die Sportler müssten viel öfter über Ihre Ergebnisse enttäuscht sein als zufrieden, denn immerhin wissen sie, dass sie es schon einmal besser gemacht haben. Aber was wäre, wenn diese Spitzensportler anfingen, der Statis-

tik zu glauben? Wenn Beckham oder Basler nicht länger daran glauben würden, dass sie jedes Mal, wenn Sie auf das Tor schießen, auch treffen, könnten sie sich einen neuen Job suchen.

Übung

Unlogischer Optimismus: Erwarten Sie, dass jeder Schlag exakt dahin geht, wohin Sie wollen. Ebenso wie die Schwungtechnik selbst erfordert auch das Übung. Schlagen Sie daher ein paar Bälle vom Tee, behalten Sie Ihren Rhythmus bei, und erwarten Sie, Ihr Ziel zu erreichen. Und seien Sie nicht enttäuscht, wenn Sie Ihr Ziel nicht erreichen, sondern erwarten Sie beim nächsten Versuch ganz einfach erneut, dass Ihr Ball exakt so fliegen wird, wie Sie es wünschen.

Schlagen Sie den Ball nun ohne Tee, einen vom Boden, und schlagen Sie mit denselben Erwartungen. Variieren Sie: Einen Ball vom Tee, einen vom Boden, und zwar so lange, bis Sie keinen Unterschied mehr spüren. Und wenn Sie bisher auf einer Matte trainiert haben, dann machen Sie nun dieselben Schläge auf Gras.

Hausaufgabe

Ihre Übungen sind nicht auf den Golfplatz beschränkt! Obwohl es sicherlich einen Vorteil darstellt, wenn Sie tatsächlich einen Schläger schwingen, ist es vor allem Ihr Gehirn (und nicht Ihr Körper), das für das Lernen verantwortlich ist – selbst bei Bewegungen. Untersuchungen haben ergeben, dass das menschliche Gehirn nicht zwischen vorgestellten und tatsächlichen Geschehnissen unterscheiden kann. Wenn Sie sich in eine Situation hineinversetzen, produziert Ihr Körper aufgrund dieser Vorstellung dieselben Hormone, als wenn Sie sich tatsächlich in der Situation befänden. Wir haben das alle schon erlebt, in einem guten Film zum Beispiel: Uns kommen die Tränen, wenn der Hauptdarsteller weint, wir freuen uns, wenn er eine schwierige Situation überstanden hat – wir erleben hautnah mit, was auf der Leinwand passiert. Das erklärt, warum manche Menschen nach einem aufregenden oder brutalen Film das Bedürfnis haben, Dampf abzulassen: Viele Hormone, wie etwa Adrenalin, werden wegen dieses Phänomens ausgeschüttet.

Auch alle guten Golfer haben das eine odere andere Mal von Ruhm und Ehre geträumt. Selbst das ist eine Form von Training, die den Spieler auf ein Turnier vorbereitet.

Übung

Stellen Sie sich aufrecht hin, und strecken Sie Ihren Arm auf Schulterhöhe nach vorne aus. Zeigen Sie dabei mit Ihrem Zeigefinger geradeaus. Nun drehen Sie Ihren Oberkörper langsam, so weit es geht nach rechts. Ihre Füße bleiben dabei fest am Boden. Versuchen Sie nun, Ihren Arm so weit wie möglich zu schwingen, und merken Sie sich, wohin Ihr Finger zeigt (A). Drehen Sie sich zurück zur Ausgangsposition, und schließen Sie Ihre Augen. Stellen Sie sich die Bewegung noch einmal vor, ohne sich dabei wirklich zu drehen. Sie müssen dabei genau „sehen" können, wie Sie sich erneut drehen und Ihr Finger auf die Stelle zeigt, bei der Sie zuvor bereits Schluss war. Lockern Sie Ihren Arm – immer noch in Ihrer Vorstellung – und versuchen Sie nun, sich ein wenig weiter zu drehen. Bemühen Sie sich, genau zu sehen, wie Ihr Finger ein Stückchen weiter nach rechts zeigt. Wiederholen Sie diese Visualisierungs-Übung mindestens sechsmal, und merken Sie sich, wohin Ihr Finger dabei zeigt. Öffnen Sie anschließend die Augen, und probieren Sie die Übung nochmal. Sie sollten sich nun ein kleines Stück weiter drehen können als beim ersten Mal (B). Wieviel weiter Sie sich drehen können, hängt von Ihrer Fitness und der Qualität Ihrer Visualisierung ab. Überrascht? Sie haben sich verbessert, ohne Ihren Körper bewegt zu haben!

Die Drehung vor ...

... und nach der Visualisierung

B

Was beweist das nun? Es zeigt, dass die Visualisierung ein hilfreiches Werkzeug für den Lernprozess ist: Sie hilft, uns nicht nur an Bewegungen zu erinnern, sondern auch, sie zu verbessern. Und es zeigt, dass in unserem Körper beim Visualisieren dieselben Vorgänge ablaufen, wie wenn wir eine Bewegung tatsächlich ausführen.

Es wurden zahlreiche Versuche und Tests durchgeführt, mit Hilfe derer man das Ausmaß dieser Übereinstimmung näher bestimmen wollte. Einer der bemerkenswertesten Versuche war folgender mit zwei Skifahrern: Beide hatten ein Bein gebrochen und eine lange Zeit im Gips vor sich – ganz zu schweigen von der langwierigen Rehabilitation. Einer der beiden Skifahrer durfte während dieser Zeit tun, was

Übung

Finden Sie ein ruhiges Zimmer, in dem Sie eine Zeit lang alleine sein können, und nehmen Sie in einem bequemen Sessel Platz. Schließen Sie Ihre Augen, und stellen Sie sich vor, Sie wären auf der Driving Range oder – wenn Sie möchten – auf dem Golfplatz. Stellen Sie sich nun den Schwung Ihres Pros vor. Beobachten Sie dabei ganz genau seine Bewegung sowie seinen Rhythmus. Jetzt stellen Sie sich vor, Sie selbst würden Bälle schlagen – und zwar exakt so, wie Ihr Pro. Wichtig: Je lebhafter und echter Sie sich das vorstellen, desto effektiver ist es (je besser der Film, desto mehr identifizieren wir uns mit dem Hauptdarsteller). Wenn Sie diese Übung fünf- oder sechsmal wiederholt haben, stellen Sie sich vor, wie Sie sich selbst beim Training beobachten. Und wieder: Beobachten Sie, wie Sie schwingen, achten Sie auf den Rhythmus – und fühlen Sie tatsächlich den Schwung. Beobachten Sie, wie der Ball fliegt (bleiben Sie dabei aber bitte realistisch). Schließlich wechseln Sie zwischen den Sichtweisen: Schlagen Sie zunächst fünf Bälle, und beobachten Sie sich anschließend dabei, wie Sie fünf Bälle schlagen.

er wollte, der andere musste jeden Tag Visualisierungs-Übungen machen: Er sollte sich vorstellen, er würde Ski fahren. Als schließlich bei beiden Sportlern der Gips entfernt wurde, hatte der zweite Skifahrer wesentlich weniger Muskelschwund als der erste! Mit anderen Worten: Der zweite Skifahrer hatte, während er den Gips trug, seine Muskeln trainiert, ganz gleich, ob durch elektrische Impulse, durch erhöhte Blutversorgung oder hormonelle Veränderungen!

Es mag überraschen, dass dies tatsächlich funktioniert, aber erinnern Sie sich doch einmal daran,

wie intensiv Sie Ihre Vorstellung als Kind genutzt haben. Es handelt sich also nicht um eine Fähigkeit, die Sie verloren haben, sondern um eine, die Sie lediglich vergessen oder nie wirklich verstanden haben.

Der Vollschwung

Der Vollschwung

Alleine der Name reicht aus, um für Probleme zu sorgen. Was ist ein Vollschwung? Sieht er für jeden Golfer gleich aus? Und: Wenn Sie ihn nicht beherrschen, heißt das, dass Sie nie gut golfen werden?

Zu allererst: Der Vollschwung sieht für jeden von uns anders aus! Wie schon beim Grundschwung hängt viel von Ihrem Alter, Ihrer körperlichen Fitness und Ihrem Geschlecht ab. Sicher ist nur, dass ich bisher noch keine zwei identischen Golfschwünge gesehen habe – auch wenn viele selbstverständlich sehr ähnlich sind.

Setzen Sie sich nicht unter Druck, sondern finden Sie heraus, zu was Ihr Körper heute bereit ist. Andererseits gibt es genügend Fitness-Center, die nur auf Sie warten!

Die erste Aufgabe wird sein, Ihre körperlichen Grenzen abzustecken. Lassen Sie uns dafür zunächst herausfinden, wie weit Sie den Schläger zurückschwingen können, ohne dass sich dies negativ auf den gesamten Schwung auswirkt (durch einen Verlust der Balance, der Genauigkeit oder der Power). Dabei kommt es auf folgende Fragen an:

Individuell:
Der Vollschwung

Der Vollschwung

1

2

3

1. Wie weit kann ich meine Hüfte und mit ihr den Oberkörper drehen, ohne dabei meinen Stand zu verändern oder das rechte Bein zu strecken?

2. Wie weit kann ich nun den Oberkörper weiterdrehen – erneut ohne dabei den Stand zu verändern.

3. Wie weit kann ich meinen linken Arm nach oben schwingen, ohne dass er dabei den Kontakt zum Oberkörper verliert?

Um die Antworten zu finden, machen Sie einfach das nach, was Sie auf den Bildern dieser Doppelseite sehen:

Nehmen Sie die Ansprechhaltung so ein, als hielten Sie einen Schläger in Ihren Händen (1). Drehen Sie nun langsam Ihre Hüfte zusammen mit dem Oberkörper, und verlagern Sie Ihr Gewicht auf das rechte Bein, bis Sie eine Spannung im linken Oberschenkel spüren (2). Bereits hier

treten – je nach Körperbau, Alter und Fitness – erste Unterschiede auf, wie Sie auch bei Norbert (links), Anita (Mitte) und mir beobachten können. Überkreuzen Sie jetzt Ihre Arme vor der Brust, und drehen Sie Brust und Schultern weiter, ohne dabei Ihre Bein- und Hüftposition zu verändern (3). Vergessen Sie dabei nicht, dass Sie mit dieser Übung Ihre individuellen Schwunggrenzen finden wollen!

Lassen Sie nun Ihren linken Arm hängen (4), und schwingen Sie diesen nach oben (5). Halten Sie Ihre zweite Hand dabei hinter Ihrem Rücken. Merken Sie sich die Stelle, an der Ihr linker Arm auf ganz natürliche Weise aufgrund von Muskeln, Sehnen und Haut nicht mehr weiter kann. In dieser Position sollten Ihr Oberarm und Ihre Brust noch leicht Kontakt haben. Setzen Sie nun Ihre rechte Hand über die linke (6). Die-

se Position entspricht ihren ganz natürlichen Schwunggrenzen. Das heißt: Exakt bis hierher sollten Sie beim Vollschwung schwingen – nicht weiter!

Um das beste Resultat zu erzielen, wiederholen Sie jeden einzelnen Schritt vor einem Spiegel, und prägen Sie sich Ihre individuellen körperlichen Grenzen vor Ihrem inneren Auge ganz genau ein. Nehmen Sie

anschließend einen Golfschläger, und schwingen Sie bis zu jenem Punkt zurück (7).

Der Vollschwung

Wie sich die Weite des Rückschwunges unterscheidet, können Sie anhand der unterschiedlichen Positionen bei Anita, Norbert und mir sehen. Ihre eigenen körperlichen

Grenzen mögen ihnen vielleicht
nicht erlauben, wesentlich weiter
zurückzuschwingen als beim Grundschwung. Doch obwohl es zweifels-
ohne auf Kosten der Schlägerkopf-

geschwindigkeit geht, wenn Sie
nicht ausholen wie beispielsweise
Tiger Woods, werden Sie garantiert
erfolgreicher und genauer schlagen,
wenn Sie nicht so weit ausholen.

0   1   2

0   1   2

Die Schritte 1, 2, 4, 5 und 6 sind beim Vollschwung im Prinzip bei allen Golfern ähnlich (vgl. Grundschwung).

schwungposition erweitern. Ich schlage Ihnen wieder vor, mit Hilfe eines Spiegels, mit einer Videokamera und/oder mit Ihrem Pro zu trainieren.

Tipp: Wählen Sie einen Pro, der Ihnen hinsichtlich Statur, Geschlecht und Alter möglichst ähnlich ist, und kopieren Sie seinen Schwung so genau wie möglich.

Wichtig: Das Verhältnis zwischen Power und Balance muss immer ausgewogen sein!

Sie können Ihre Schwung-Routine nun um die neu erlernte Rück-

Wie weit Sie bei Step 3 ausholen, ist von Ihren individuellen Schwunggrenzen abhängig!

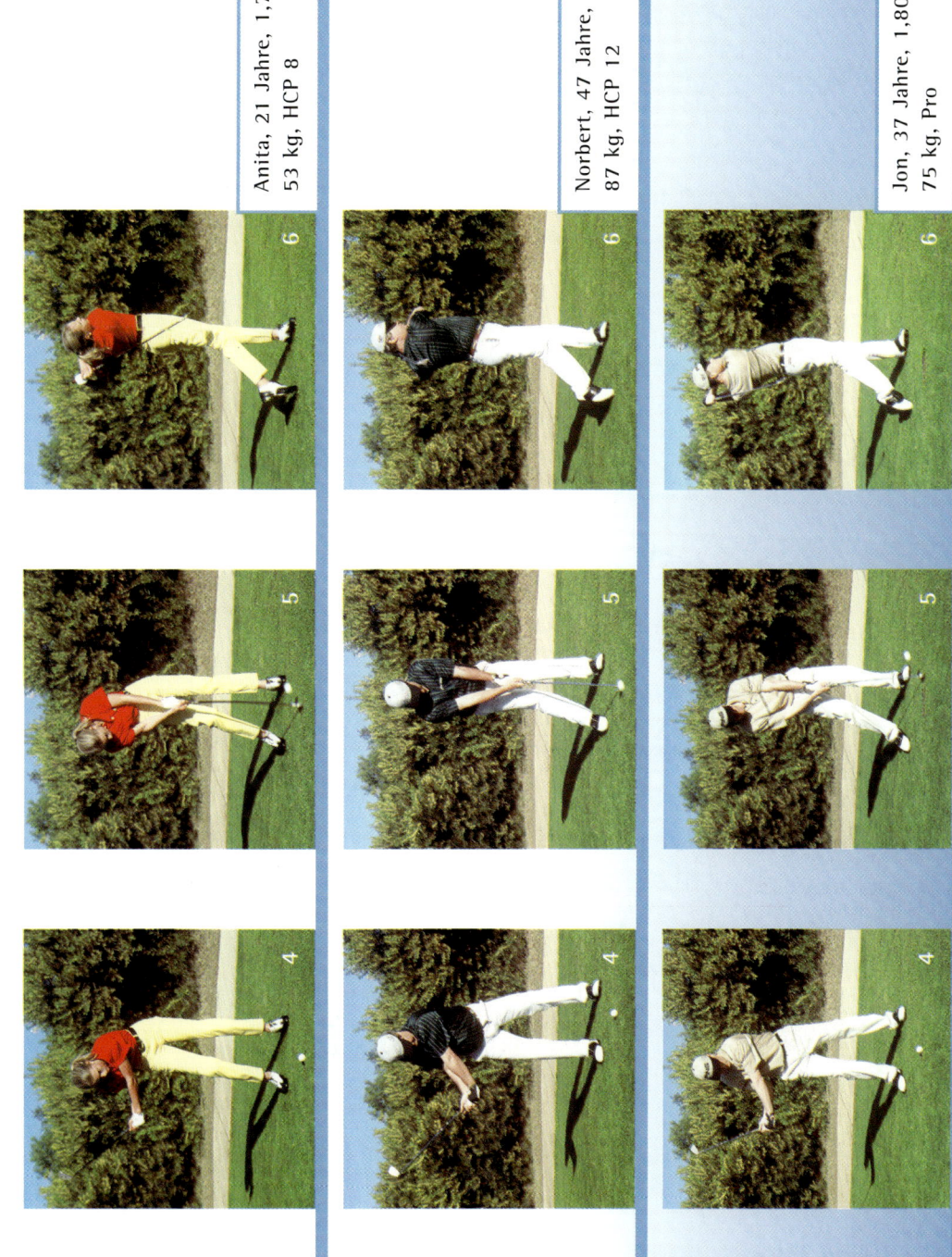

Anita, 21 Jahre, 1,75 m, 53 kg, HCP 8

Norbert, 47 Jahre, 1,74 m, 87 kg, HCP 12

Jon, 37 Jahre, 1,80 m, 75 kg, Pro

Übung

Updaten Sie das Video vor Ihrem inneren Auge, indem Sie Ihren Vollschwung mit und ohne Ball wiederholen. Sowohl auf der Driving Range als auch in Form einer Visualisierungs-Übung zu Hause.

Die Ballposition mit einem Eisen (oben) und einem Holz

So viele Schläger

Der Voll- und Grundschwung eignet sich für jeden Schläger in Ihrem Golfbag (außer dem Putter). Nur die Lage des Balles in Bezug auf Ihren Körper ist verschieden. Das liegt an der Art und Weise, wie wir den Ball treffen wollen: Die längeren Eisen sowie die Hölzer sind so designed, dass sie den Ball mehr in einer über den Boden fegenden Bewegung treffen, während die kürzeren Eisen im Treffmoment einen steileren Winkel haben sollten. Der Schläger bestimmt den Winkel im Treffmo-

ment (Steilheit) ganz automatisch durch seine Länge, allerdings ist es notwendig, dies zu unterstützen. Und zwar, indem wir den Ball bei längeren Schlägern weiter links ansprechen. Beim Holz eins sollte der Ball sogar im Bereich vor der linken Achsel liegen. Natürlich hängt die exakte Lage des Balles auch von Ihrem individuellen Schwung sowie Ihrem Körperbau ab: Ein kleiner, sagen wir einmal „gut gebauter" Spieler hat schließlich einen anderen Schwungradius als ein langer, dünner. Die Ballposition beim kurzen Spiel ist ebenfalls sehr individuell.

Übung

Zeichnen Sie eine Linie auf den Boden, welche die Linie vom Ball zum Ziel darstellen soll, und nehmen Sie die Ansprechhaltung so ein, als läge ein Ball auf dieser Linie.

Holen Sie bis zu Ihrem obersten Punkt des Rückschwunges aus, und schwingen Sie anschließend langsam durch. Beobachten Sie dabei, wie sich das Schlägerblatt an einem bestimmten Punkt von selbst exakt zum Ziel ausrichtet (es ist „square"; 1), einen kurzen Moment „square" bleibt (in etwa vier bis fünf Zentimeter weit; 2) und sich schließlich vor dem Ausschwung schließt (nach links zeigt; 3). Bitten Sie einen Freund zu markieren, von wo bis wo der Schläger „square" zum Ziel ist. Wiederholen Sie diese Übung mit jedem Schläger, und vergleichen Sie die verschiedenen optimalen Ballkontakt-Zonen.

1

2

3

Die optimale Ballkontakt-Zone: Hier ist der Schläger „square"

ßer als bei einem kürzeren. Es würde daher eher Sinn machen – wenn überhaupt – mit längeren Schlägern

Lassen Sie den Schläger die Arbeit machen

Abgesehen von der Ballposition wollen wir nichts ändern, und ganz bestimmt nicht die Schwunggeschwindigkeit. Es ist ein weit verbreiteter Fehler zu versuchen, mit längeren Schlägern weiter zu schlagen, indem man (bewusst oder unbewusst) schneller schwingt. Unser Verstand sagt uns doch, dass unser Körper nur bis zu einer bestimmten Schwunggeschwindigkeit ausbalanciert bleiben und zugleich durch die einzelnen Schwungschritte gehen kann. Je länger der Schläger, desto schwieriger wird es sogar für den Körper, die Bewegung zu kontrollieren (die Kraftentfaltung auf den Schläger wie auch auf den Körper ist bei einem längeren Schläger grö-

Der Vollschwung

langsamer zu schwingen als mit kürzeren Eisen . . .

Das Beste ist: Behalten Sie Ihren Rhythmus bei!

Power it up!

Wenn wir versuchen, den Ball gerade zu halten, sind wir alle dazu geneigt, den Ball mit den Händen zu steuern bzw. zu führen und die Handgelenke während des Ballkontaktes steif zu halten, damit das Schlägerblatt zum Ziel zeigt. Dies führt nicht nur zu einer erheblichen Verwüstung Ihrer Schwungtechnik (es führt unter anderem zum gefürchteten Slice), die Ihr Körper zu kompensieren versuchen wird (was zu weiteren Problemen führen kann), es kostet Sie zudem jede Menge Power.

Der Hauptfaktor, der für die nötige Distanz sorgt, ist die Schlägerkopf-Geschwindigkeit. Je mehr Speed Sie generieren können, desto weiter wird der Ball fliegen. Wie wir bereits gesagt haben, liegt der wahre Schlüssel zum Erfolg jedoch im konsequenten Erlernen von Balance und Rhythmus.

Zu vorsichtige Schwünge gehen stark auf Kosten der Weite, ohne im Gegenzug bemerkenswerte Verbesserungen hinsichtlich der Richtung zu bewirken. Achten Sie deshalb darauf, dass Ihre Handgelenke ihren Job machen. Hierfür gibt es folgende Übung:

Übung

Gehen Sie Schritt für Schritt durch die einzelnen Steps Ihres Schwunges, bis Sie beim Ballkontakt angekommen sind. Lassen Sie Ihren gesamten Körper in dieser Haltung, und schlagen Sie den Ball nun nur mit Ihren Armen. Wenn Ihre Hände und Arme dabei nicht automatisch richtig arbeiten, werden Sie den Ball toppen oder ihn nach links pullen. Beziehen Sie anschließend Ihre Hüfte in diese Bewegung ein, bis es sich anfühlt, als ob sie dabei helfe, die Arme, Hände und den Schläger zum Ziel zu schleudern.

Timing

Timing ist die Fähigkeit, die einzelnen Bestandteile des gesamten Schwunges so zu koordinieren, dass Ihr Körpergewicht sowie der Schlägerkopf im selben Moment auf den Ball treffen. Da der Ballkontakt in etwa eine fünftausendstel Sekunde dauert, können Sie dies nicht bewusst kontrollieren. Sie müssen den Schlag daher quasi intuitiv timen – genauso wie den Moment beim Wurf, indem Sie Ihre Finger öffnen und dem Ball noch einen letzten Schubser mitgeben. Rhythmus und Gleichgewicht sind die Schlüssel, mit denen Sie Ihr ultimatives Timing finden können und somit konstant Weite und Genauigkeit. Ich fordere Sie hiermit heraus: Finden Sie Ihr Timing!

VORSICHT:

Den Treffmoment können Sie nicht bewusst kontrollieren – im kompletten Schwung funktioniert das nicht! Versuchen Sie daher, mit Hilfe der Übung auf Seite 86 zu dem Punkt zu gelangen, an dem Ihre Hände und Arme auch im Vollschwung instinktiv richtig arbeiten.

Tipp

Wiederholen Sie diese Übung, bis Sie den Ball sauber treffen, und merken Sie sich, wie sich das anfühlt. Bauen Sie dieses Gefühl anschließend in Ihren Vollschwung ein.

Auf dem Golfplatz

D er Golfplatz kann sich von der Driving Range unterscheiden wie Tag und Nacht, wenn Sie sich nicht richtig auf die Runde vorbereiten. Viel zu viele Golfer verschwenden ihre Zeit damit, einfach nur „Bälle rauszuhauen". Sie denken, der Sinn und Zweck des Trainings sei, möglichst viele Bälle zu schlagen. Dabei trainieren wir doch, um uns für das Spiel auf dem Golfplatz vorzubereiten. Sie müssen daher einen Großteil der Zeit, die Sie auf der Driving Range verbringen, hinsichtlich dessen, was Sie auf dem Golfplatz erwartet, so realistisch wie möglich gestalten.

Zuerst müssen Sie natürlich den Golfschwung lernen. Dabei können Sie sich, wie besprochen, moderner Hilfen wie Spiegeln, Video-Kameras sowie Ihres Pros behelfen. Doch sobald Sie sich merken, dass sich Ihr Golfschwung präzise wiederholen lässt, müssen Sie ihn für die Runde fit bekommen!

Rhythmus-Drill

Wenn Sie einmal in die glückliche Lage kommen, ein Profi-Turnier zu besuchen, sollten Sie unbedingt auf der Driving Range vorbeischauen. Hier können Sie die Pros dabei beobachten, wie sie sich auf die Runde vorbereiten und wie sie versuchen, ihren Rhythmus zu finden. Man kann nicht erwarten, dass der Körper den Golfschläger jeden Tag exakt gleich schnell schwingt. Die Profis wissen das und nutzen daher die Zeit vor der Runde, um ihren Tagesrhythmus zu finden.

Übung

Beginnen Sie mit dem Eisen neun, und finden Sie einen Rhythmus, bei dem Sie keinen Schritt des Vollschwunges auslassen und auch nicht das Gleichgewicht verlieren. Wenn Sie den Ball etwa fünf- bis sechsmal erfolgreich getroffen haben, wechseln Sie zum Eisen sieben, behalten aber denselben Rhythmus bei. Gehen Sie dann weiter zum Eisen fünf, vom Eisen fünf zum Eisen drei, vom Eisen drei zum Fünfer Holz und weiter zum Dreier Holz, bis Sie schließßlich den Driver in Händen halten. Schlagen Sie nicht mehr als vier bis fünf Schläge mit jedem einzelnen Schläger, und arbeiten Sie sich dann wieder zurück zum Eisen neun. Vergessen Sie nicht, dass Ihr Körper den Schläger nur bis zu einer bestimmten Geschwindigkeit schwingen kann, ohne dabei den Schwung zu ändern oder das Gleichgewicht zu verlieren. Dass Sie den Ball mit dem Holz weiter schlagen wollen, ist kein Grund, das Schwungtempo zu steigern!

Den Rhythmus, den Sie auf der Driving Range gefunden haben, auch auf dem Golfplatz umzusetzen wird das Hauptkriterium für Ihren Erfolg sein. Wir sind nun an jenem Punkt angelangt, an dem Golf zu einer Disziplin wird, die mehr als alle anderen mentalen Faktoren unterliegt.

Alles, was Ihre Psyche zu stören vermag, wird Ihren Rhythmus und somit Ihr Timing zerstören. Nerven, Angst, Ärger, Freude, Druck – um nur ein paar wenige Dinge zu nennen – werden ihr Bestes geben, Ihren Rhythmus zu behindern und somit Ihr Spiel zu zerstören. Derjenige Spieler, der seinen Kopf und somit seinen Rhythmus am besten unter Kontrolle hat, wird das Turnier für sich entscheiden!

Tipp

Ich habe schon viele Runden auf der Driving Range gespielt. Entscheiden Sie sich einfach für einen Platz Ihrer Wahl und dann los: Abschlag mit dem Driver, dann ein Eisen sieben und schließlich ein Annäherungsschlag, weil Sie vielleicht das Grün verfehlt haben. Das Putten können Sie zunächst auf später verschieben. Aber wechseln Sie die Schläger regelmäßig durch! Oder denken Sie, dass Sie auf dem Golfplatz zehn bis zwanzig Mal hintereinander mit dem Driver schlagen müssen? Ich hoffe nicht.

Vor-dem-Schlag-Routine

Der Trick besteht darin, nicht nur
Ihren Schwung, sondern den gesamten Ablauf zu trainieren. Am besten
eignet man sich hierfür eine – wie

1

ich sie nenne – Vor-dem-Schlag-
Routine an. Wir haben bereits be-
gonnen, eine Routine zu lernen,
indem wir den Griff und die Ansprechhaltung auf immer dieselbe
Art und Weise einnehmen. Nun

2

wollen wir dem noch ein paar Klei-
nigkeiten hinzufügen und bestimmen, was Sie vor und während des
Schlages denken sollten. Denn: Ein
leerer Kopf ist eine gelungene Ein-
ladung für dumme Gedanken. Es

ist daher unsere Aufgabe, Ihren Kopf zu beschäftigen.

Profi-Golfer behelfen sich vor jedem Schlag mit einer solchen Vordem-Schlag-Routine. Ein Großteil Ihres Erfolges hängt davon ab, wie intensiv Sie unter Druck in diese Routine sinken können.

Atmen Sie zunächst tief ein, und relaxen Sie. Stellen Sie sich etwa drei bis vier Meter hinter den Ball. Von hier aus können Sie sowohl den Ball als auch das Ziel sehen. Entscheiden Sie sich jetzt, was für einen Schlag Sie machen wollen und welchen Schläger sie benötigen (1). Greifen Sie den gewählten Schläger – wie im ersten Kapitel

Auf dem Golfplatz

5

6

(Der Griff) beschrieben. Es wurde bereits viel darüber diskutiert, ob eine Vor-dem-Schlag-Routine einen Probeschwung beinhalten soll oder nicht. Die meisten Amateure nutzen den Probeschwung, um zu überprü-

fen, ob sie ihren Golfschläger immer noch schwingen können. Sollte dies bei Ihnen der Fall sein, so vergessen Sie den Probeschwung lieber!

Wenn Sie dennoch gerne einen Probeschwung machen wollen, soll-

te er Ihnen als Geschwindigkeitsmuster dienen. Rufen Sie sich mit Hilfe des Probeschwunges also Ihren Rhythmus ins Gedächtnis. Dabei empfehle ich, den Probeschwung hinter dem Ball und auf das Ziel gerichtet durchzuführen, und nicht neben dem Ball (2). So können Sie sich zugleich besser vorstellen, wie der Ball fliegen soll. Es ist übrigens erwiesen, dass ein Probeschwung in voller Schlaggeschwindigkeit den

Effekt hat, die Leitungen zwischen dem Gehirn und dem Körper zu „schmieren", ein Schwung nach einem solchen Probeschwung also effektiver sein wird. Stellen Sie sich nun den gewünschten Ballflug in-

klusive Landung und Ausrollen vor, und – entscheidend! – seien Sie davon überzeugt, dass Sie den Ball nun auch so schlagen werden, wie Sie es eben visualisiert haben („unlogischer Optimismus"). Gehen Sie

zum Ball, und richten Sie den Schlägerkopf hinter dem Ball und zum Ziel zeigend aus (3). Nehmen Sie entlang der gedachten Ballfluglinie die Ansprechhaltung ein (4). Schauen Sie ein letztes Mal zum Ziel, und visualisieren Sie noch einmal den Ballflug.

In einer perfekten Welt sollten Sie nun einen perfekten Schwung durchführen können, ohne dabei an irgendetwas anderes zu denken als den Ballflug. Doch dummerweise ist die Welt nicht perfekt, und ein Großteil des Golfspiels wird darin bestehen, Ihre Gedanken zu kontrollieren. Ein abgelenkter Kopf hat keine Zeit, darüber nachzudenken, was alles schief gehen könnte, und ein verwirrter Kopf kann Ihren Schwung nicht kontrollieren. Erlauben Sie sich daher, beim Rück-

schwung an einen bestimmten Teil Ihres Schwunges zu denken und an einen weiteren beim Abschwung. Wichtig: Denken Sie im Ausschwung nur noch an den Ballflug!

Und dann:

Just move it (5–8)!

Bevor Sie das eben Besprochene auf dem Golfplatz ausprobieren, gehen Sie auf die Driving Range, und studieren Sie die Vor-dem-Schlag-Routine ein. Es ist dabei vollkommen in Ordnung, wenn Sie diese Routine aufgrund bestimmter Angewohnheiten ein wenig abändern. Das einzig Wichtige ist, dass Sie sich für eine wiederholbare Vor-dem-Schlag-Routine entscheiden und diese immer nach demselben Schema anwenden. Dann wird die Routine Ihrem Körper und Ihrem Kopf jedes Mal „sagen", dass Sie gerade Golf spielen und nun den Golfschwung abrufen möchten.

Vergessen Sie nie, dass Golf ein Spiel ist –
und kein Kampf auf Leben und Tod.
Wenn Sie es im richtigen Blickwinkel betrachten,
werden Sie vielleicht sogar Spaß daran haben.

In diese Sinne viel Spaß!

Jonathan Taylor

Ansprechhaltung

Die Körperhaltung, die der Golfer einnimmt, um den Ball zu schlagen.

Ballposition

Die Lage des Balles zur Standposition.

Baseball-Griff,

auch Zehnfinger-Griff genannt. Dabei liegen alle Finger der linken und rechten Hand nebeneinander um den Schlägergriff.

Bunker

Ein künstliches Hindernis auf dem Golfplatz. Eine Vertiefung, die zumeist mit Sand gefüllt ist.

Daly, John (USA),

geboren am 28.4.1966 in Sacramento/Kalifornien, lebt in Florida. Profi seit 1987. Größte Siege: PGA Championship 1991, B.C. Open 1992, Bellsouth Classic 1994.

John Daly ist für seine kraftvollen Rekord-Drives bekannt. 1993 siegte er in der Drives-Statistik mit einer Durchschnittslänge von 288,9 yards.

Davies, Laura (England),

geboren am 5.10.1963 in Coventry. Profi seit 1985. Größte Siege: Belgian Open 1985, British Open 1986, US Women's Open 1987, Itoki Classic 1988, Solheim Cup 1990, 1992, 1994, 1996, 1998, European Ladies Open 1992, Evian Masters 1996, Australian Masters 1999.

Driving Range

Übungsanlage zum Schlagen von Bällen.

Eisen

Golfschläger mit Metallkopf.

Faldo, Nicholas Alexander „Nick" (England),

geboren am 18.7.1957 in Welwyn Garden City. Lebt in Windlesham (England). Profi seit 1976. Größte Siege: Skol Lager 1977, PGA Championship 1978, 1980, 1981, 1989, British Open 1987, 1990, 1992, Volvo Masters 1988, British Masters 1989, Masters 1989, 1990, 1996, Ryder Cup 1977, 1979, 1981, 1983, 1985, 1987, 1989, 1991, 1993, 1995, 1997.

Seine Karriere startete mit seinem Sieg über Tom Watson bei seinem Ryder-Cup-Debüt. Er ist der erste Golfer, der auf der European Tour über eine Millionen Pfund Preisgeld verdiente.

Furyk, Jim (USA),

geboren am 12.5.1970 in West Chester (Pennsylvania). Lebt in Ponte Vedra Beach (Florida). Größte Siege: Las Vegas Invitational 1995, 1998, 1999, Hawaiian Open

1996, Ryder Cup 1997, 1999.

Golfbag (engl.)

Leder- oder Kunststoff-Tasche zum Aufbewahren und Transportieren der Golfschläger, Bälle sowie weiterer Ausrüstungsgegenstände. Die ersten Golfbags wurden um 1900 gefertigt und waren schmale, zylindrische Segeltuchtaschen.

Hogan, William Benjamin „Ben" (USA),

geboren am 13.8.1912 in Dublin (Texas), gestorben 1997. Größte Siege: PGA Championship 1946, 1948, US Open 1948, 1950, 1951, 1953, Masters 1951, 1953, British Open 1953, 57 US-Tour-Siege 1938–1959, Ryder Cup 1947, 1951.
Mit 36 Jahren, auf dem Höhepunkt seiner Karriere, wurde Ben Hogan bei einem Autounfall lebensgefährlich verletzt. Mühsam lernte er wieder laufen und feierte 1950 sein großes Comeback. Hogan gilt als einer der besten Golfer aller Zeiten.

Holz

Golfschläger mit einem Schlägerkopf aus Holz. Mittlerweile gibt es auch Hölzer aus Aluminium und anderen Metall-Legierungen.

Interlock-Griff

Beim Interlock-Griff liegt der Zeigefinger der linken Hand zwischen dem Ring- und dem kleinem Finger der rechten Hand.

Jiménez, Miguel Angel Rodriguez (Spanien),

geboren am 5.1.1964 in Malaga. Profi seit 1982. Größte Erfolge: Benson & Hedges Trophy 1989, Open de Lyon 1992, Heineken Dutch Open 1994.

Montgomerie, Colin Stuart

(Schottland), geboren am 23.6.1963 in Glasgow. Profi seit 1987. Größte Siege: Portuguese Open TPC 1989, Scandinavian Masters 1991, Volvo Masters 1993, German Open 1994, 1995, 1995, Canon European Masters 1996, Compaq European Grand Prix 1997, European Tour 1993, 1994, 1995, 1996, 1997, Ryder Cup 1991,1993, 1995, 1997, 1999. Colin Montgomerie ist der erste Spieler, der in einer Saison über drei Millionen Dollar Preisgeld verdiente.

Out of bounds (engl.)

Ein durch weiße Pflöcke gekennzeichnetes Gelände, auf dem nicht gespielt werden darf. Ein Ball ist „out of bounds", wenn er komplett im Out of bounds liegt. Der Spieler muss den Schlag dann wiederholen und bekommt einen Strafschlag angerechnet.

Putter
Schläger zum Einlochen auf dem Grün.

Scratch-Golfer
Golfer mit Handicap null.

square (engl.)
Das Schlägerblatt ist square, wenn es im rechten Winkel zum Ziel ausgerichtet ist. Der Körper ist square, wenn er sich parallel zur Ziellinie befindet.

Vardon-Griff
(auch Overlapping-Griff). Der kleine Finger der rechten Hand liegt über dem Zeigefinger bzw. zwischen Zeige- und Mittelfinger der linken Hand. Dieser Griff wurde nach Harry Vardon benannt, der ihn bekannt machte.

Vardon, Harry (England),
geboren am 9.5.1870 auf Jersey, Kanal-Inseln, gestorben 1937. Größte Siege: British Open 1896, 1898, 1899, 1903, 1911, 1914; US Open 1900.

Vardon war bekannt für seinen perfekten Golfschwung, der als einer der besten der Golfgeschichte gilt. Seine sechs British-Open-Siege sind noch heute Rekord.

Wasserhindernis
Ein Wasserhindernis ist mit roten (seitliches Wasserhindernis) oder gelben Pflöcken (frontales Wasserhindernis) gekennzeichnet. Ein Ball, der in einem Wasserhindernis liegt, darf weitergespielt oder außerhalb des Hindernisses mit einem Strafschlag weitergespielt werden.

Woods, Eldrick „Tiger" (USA),
geboren am 30.12.1975 in Cypress/Kalifornien, lebt in Orlando (Florida). Profi seit 1996. Größte Siege: Las Vegas Invitational 1996, Masters 1997, BellSouth Classic 1998, Johnnie Walker Classic 1998, PGA Championship 1999, Deutsche Bank - SAP Open 1999. Tiger Woods ist der jüngste Sieger des Masters sowie der erste farbige Gewinner des bedeutendsten Golfturniers der Welt. In der Saison 1999 verdiente Tiger Woods ein Rekordpreisgeld in Höhe von 6,6 Millionen Dollar und wurde Player of the Year (wie schon 1997). Sein Jahresgehalt inklusive Sponsorengelder wird auf über 40 Millionen Mark geschätzt.

Autoren-Portraits:

Jonathan Taylor, seit 18 Jahren Golf-Professional, lebt seit 1988 in Deutschland und ist Headpro der Golf Academy Harthausen/München The Move. Zusammen mit Prof. Klaus Schneider vom Institut für Sportwissenschaft und Sport, Universität der Bundeswehr München, hat der Engländer The Move entwickelt. In dieses neue Lehrsystem hat er modernste Entwicklungen aus allen Gebieten des Golfspiels miteinbezogen: Ballfluggesetze, Biomechanik, Physiologie und Psychologie. Daneben ist er Autor in der Fachzeitschrift G.O.L.F.-TIME, das offizielle Magazin des Deutschen Golf Verbandes, in der seine erfolgreiche Trainings-Serie „The Move – Golf ist so einfach, warum machen Sie es sich so schwer?!" bereits seit Juli 1999 läuft. Auch im Internet gibt Taylor interaktiven Golfunterricht: Auf den Seiten von G.O.L.F.-TIME online (www.the-move.de) gibt er Surfern online wertvolle Tipps und beantwortet ihre Fragen.

Marcel Brunnthaler, seit 1997 Sport-Journalist und Fotograf, lebt in München und ist freiberuflich für verschiedene Sport- und Lifestyle-Magazine tätig. Während er im Winter vor allem im alpinen und nordischen Skiweltcup sowie in der Snowboard-Szene unterwegs ist und unter anderem von den Olympischen Spielen, Europa- und Welt-

meisterschaften berichtet, hat er sich im Sommer voll und ganz dem grünen Sport verschrieben. Er schreibt als freier Redakteur unter anderem für G.O.L.F.-TIME, das offizielle Magazin des Deutschen Golf Verbandes, und ist Leitender Redakteur von G.O.L.F.-TIME online (www.golftime.de). Des Weiteren betreut er Deutschlands erfolgreichste Proette auf der Ladies' European Tour, Elisabeth Esterl, in allen Mediendienfragen und ist für ihre Pressearbeit verantwortlich. Sein Handicap beträgt 21.

Wir danken den Firmen Ping, Foot Joy und Chérvo sowie dem Hotel Confortel und dem Golfclub Islantilla für die freundliche Unterstützung bei der Produktion von „Golf – Just move it!"

Der Schlägerhersteller Ping stellte die im Buch abgebildeten Golfschläger zur Verfügung, Foot Joy stattete Anita, Norbert und Jon mit exklusiven Golfschuhen sowie Handschuhen aus, und Chérvo kleidete die drei mit der aktuellen Sommer-Kollektion 2000 aus.

Für das gesamte Produktionsteam wurde das Foto-Shooting im südspanischen Islantilla dank der exklusiven Unterbringung im 4-Sterne-Hotel Confortel sowie der freundlichen Atmosphäre in dem hervorragend gepflegten und golferisch abwechslungsreichen 27-Loch-Golfplatz Islantilla beinahe zum Golf-Urlaub.

Confortel Hoteles

PING
Play Your Best.™

CHÉRVO

FOOTJOY®
#1 SHOE IN GOLF

Impressum

Herausgeber und Verlag:
Albrecht Golf Verlag GmbH
Freihamer Strasse 2
82166 Gräfelfing b. München
Telefon (089) 8 58 53–531
Telefax (089) 8 58 53–199
E-Mail: golf@albrecht.de
http://www.golf.de
http://www.golffuehrer.de
http://www.golfwetter.de

Autor:
Jonathan Taylor
Übersetzung und fachliche Beratung:
Marcel Brummthaler

Redaktion:
content publishing, München
Herstellung:
content publishing, München
Umschlaggestaltung:
Cordula Schaaf

Innenlayout und Satz:
Cordula Schaaf
für content publishing, München
Reproduktion:
pre press Dasing

Printed in Slovenia

Bildnachweis:
Marcel Brummthaler: 10–109
action images: 4–9, 62

Umschlagfotos:
Marcel Brummthaler

Herausgegeben:
Januar 2001, 1. Auflage

ISBN: 3-87014-132-8